Esteban St-Denis

Thomas Torrado

Catalogage avant publication de Bibliothèque et Archives nationales du Québec
et Bibliothèque et Archives Canada

Plaisted, Caroline

Être un gars : un guide de survie pour bien grandir

Traduction de: Boy talk : a survival guide to growing up.
Comprend un index.
Pour les jeunes de 8 à 12 ans.

ISBN 978-2-89579-423-3

1. Puberté - Ouvrages pour la jeunesse. 2. Adolescents - Physiologie -
Ouvrages pour la jeunesse. I. Dickason, Chris. II. Titre.

QP84.4.P52214 2012 j612.6'61081 C2011-942090-2

Dépôt légal – Bibliothèque et Archives nationales du Québec, 2011
Bibliothèque et Archives Canada, 2011

Titre original : *Boy Talk, A survival guide to growing up* de C. A. Plaisted (ISBN : 978-1-84835-790-7)

Illustrations : Chris Dickason
Édition : Lauren Taylor
Conception graphique : Matthew Kelly
Consultant : John Rees

Direction : Andrée-Anne Gratton
Traduction : Josée Latulippe
Révision : Sophie Sainte-Marie
Mise en pages : Danielle Dugal

Nous reconnaissons l'aide financière du gouvernement du Canada par l'entremise du Fonds
du livre du Canada (FLC) pour des activités de développement de notre entreprise.

Cet ouvrage a été publié avec le soutien de la SODEC. Gouvernement du Québec –
Programme de crédit d'impôt pour l'édition de livres – Gestion SODEC.

Bayard Canada Livres
4475, rue Frontenac, Montréal (Québec) Canada H2H 2S2
Téléphone : 514 844-2111 ou 1 866 844-2111
Télécopieur : 514 278-0072
edition@bayardcanada.com
bayardlivres.ca

Imprimé en Chine

Ce livre n'est pas conçu pour remplacer les conseils des professionnels de la santé. Il ne devrait
être utilisé qu'à titre de ressource d'appoint. Toute inquiétude relative à une question de santé
mentale ou physique doit être confiée à un médecin ou à un autre professionnel de la santé.

Table des matières

La puberté : qu'est-ce que c'est ?

À une certaine époque, les garçons devaient choisir des emplois rudes, épuisants et dangereux. Tu peux en faire autant aujourd'hui si c'est ce que tu désires, mais n'oublie pas que les hommes sont aussi danseurs, chefs cuisiniers, musiciens. Il n'y a pas de limites. Tu peux faire tout ce que tu veux, et tout commence au moment où, petit garçon, tu grandis...

À ta naissance, tu avais besoin de toute l'aide des adultes pour réussir à survivre. Ton cerveau était comme une éponge, prêt à absorber autant d'informations qu'un superordinateur ! Au cours de ta première année, tu as probablement grandi de 25 centimètres et triplé ton poids.

Il y avait tellement d'activité dans le monde autour de toi qu'à ton troisième anniversaire ton cerveau faisait des heures supplémentaires.

Tu es maintenant arrivé à la période de ta vie appelée « puberté », le moment où ton cerveau et ton corps se préparent pour ton avenir passionnant.

Le savais-tu ?

Depuis ta naissance, ton cerveau a été deux fois plus actif que celui d'un adulte ! Vois le résultat !

Q et R

Q : La puberté, à quoi ça sert?

R : C'est simple : ça sert à te préparer pour la vie adulte. À la puberté, ton corps devient plus grand, plus fort et fertile, ce qui veut dire que tu auras la capacité d'être père, si tu le veux, quand le temps sera venu. C'est aussi le moment où les fonctions de ton cerveau se mettent à changer, te permettant de penser différemment et de commencer à être indépendant. À la fin de la puberté, tu ne seras plus dépendant de qui que ce soit pour ta survie.

Une longueur d'avance

Souvent, la puberté commence plus tôt chez les filles que chez les garçons (c'est agaçant, n'est-ce pas?). C'est pourquoi il se peut fort bien que les filles de ta classe soient plus grandes que toi. Mais tu vas bientôt les rattraper... puis les dépasser. Ouf!

Un point important!

Avant d'aller plus loin, n'oublie pas que la puberté est différente pour chacun. Il n'y a aucune règle de fixée, alors ce que ton meilleur ami vit à 12 ans pourrait ne pas se produire chez toi avant l'âge de 14 ans, ou même plus tard. Il n'y a rien de mal à cela. D'accord?

Des choses essentielles

Les hormones sont des substances chimiques produites par ton cerveau, puis envoyées dans ton corps pour tout transformer. Ce sont des éléments essentiels pour la puberté.

D'abord...

Une hormone quitte ton cerveau et file jusqu'à ton hypophyse – une glande de la taille d'un pois, située à la base de ton cerveau –, où elle lance la production de deux autres hormones.

ensuite...

Ces deux hormones circulent dans ton corps jusqu'à ton système reproducteur, où elles créent une autre hormone, appelée « testostérone ». C'est la testostérone qui transformera ton corps de garçon en celui d'un homme. Grrr !

Des nichons pour les garçons

Il est possible que tu remarques, à un moment donné, que l'un de tes mamelons, ou les deux, est un peu enflé ou sensible. Cela est temporaire et pourrait durer quelques mois seulement. C'est absolument normal et TU N'ES PAS en train de te transformer en femme. Ce sont tout simplement tes hormones qui font des folies !

Semblables, mais différents

Les garçons et les filles ont sensiblement les mêmes hormones, mais celles-ci font simplement des choses différentes.

Les cinq étapes de la puberté

N'oublie pas que les âges indiqués ici sont tous approximatifs et que tout le monde commence la puberté à un âge différent. Certains garçons la traversent à toute vitesse, alors que d'autres prennent leur temps !

Étape 1 (de 9 à 12 ans). Il ne se passe pas grand-chose que les autres peuvent voir à l'extérieur. Mais à l'intérieur, tes hormones sont en train d'être produites et elles commencent à stimuler le développement de tes testicules. À la fin de l'étape 1, il est possible que, soudainement, tu grandisses beaucoup.

Étape 2 (de 9 à 15 ans). Tes testicules et ton scrotum grossissent petit à petit, même si ton pénis ne change pas beaucoup. Il se peut qu'un peu de poils fins se mettent à pousser à la base de ton pénis. Tu continues à grandir et tu pourrais prendre du poids.

Étape 3 (de 11 à 16 ans). Tu as de plus en plus de poils pubiens, et tes testicules et ton scrotum continuent de grossir. Même si ton pénis est probablement plus long, il n'est pas plus épais. De plus, tu grandiras encore, il est possible que ton visage devienne plus large, et ta voix, plus basse.

Étape 4 (de 11 à 17 ans). Sous tes poils pubiens, tes testicules et ton scrotum continuent de grossir, et ton pénis deviendra plus long et plus épais quand il n'est pas en érection. Tu éjaculeras peut-être pour la première fois. Ta peau deviendra plus grasse et tu auras probablement quelques boutons sur le visage. Tu verras apparaître des poils aux aisselles, sur la lèvre supérieure et le menton.

Étape 5 (de 14 à 18 ans). Tu auras bientôt atteint ta taille maximale, et tes épaules s'élargiront. Les poils couvrant tes organes génitaux et ton pubis ressembleront de plus en plus à ceux d'un homme, et tu auras plus de poils sur le visage et sur le corps. Il se peut fort bien que tu doives te raser régulièrement.

Ton cerveau s'emballe

En ce moment, ton cerveau n'est développé qu'à environ 80 %. Un as de l'informatique dirait que toutes les pièces sont là, mais qu'elles ne sont tout simplement pas encore connectées. Quand tu arrives à la puberté, ton cerveau se met en mode accéléré pour atteindre sa taille et sa capacité maximales. C'est un processus en constante évolution, et c'est toute une évolution que ton cerveau connaîtra au cours des prochaines années!

Il y a tant de choses qui se passent dans ton cerveau pendant la puberté qu'il est possible que tu te sentes parfois complètement déconcerté par certaines choses. Mettre de l'ordre dans le «filage» de ton cerveau exige du temps et, en plus, si tu grandis vite, il se peut que tu aies l'air et que tu te sentes confus et maladroit. Si c'est le cas, tiens bon, les choses s'arrangeront d'elles-mêmes. À la fin de la puberté, tu verras que ton cerveau se sera organisé. Il aura découvert ta façon de penser et de raisonner, et tes habiletés de prise de décision seront complètes. D'autres parties de ton cerveau se chargeront de tes émotions et de tes sentiments.

Le savais-tu ?

Le moment idéal pour absorber des choses nouvelles est à environ 16 ans. C'est le temps parfait pour apprendre des choses, en particulier les langues et la musique !

Un petit somme

À cause de toute l'activité qui a cours dans ton corps et dans ton cerveau, tu as besoin de beaucoup de sommeil. En fait, tu as besoin d'environ neuf heures et demie de sommeil par jour.

Q et R

Q : *Pourquoi tout est-il si bizarre ? Un instant je me sens bien, mais, l'instant d'après, je me sens si en colère que je pourrais exploser ! C'est quoi, le problème ?*

R : Il n'y a pas de problème. Tu grandis à un tel rythme qu'il est possible que tes émotions soient sens dessus dessous. Une chose que tu aimais auparavant te passionne probablement maintenant. Une chose que tu n'aimais pas avant te dégoûte peut-être aujourd'hui. Plutôt que de te sentir tout simplement triste, tu as peut-être l'impression que c'est la fin du monde. Pourtant, ce n'est pas le cas. Voilà ce que c'est que d'être adolescent. Essaie de te détendre. Bientôt, ta réalité perdra de son intensité. Et n'oublie pas, il est bon de parler des choses qui t'inquiètent avec quelqu'un : un grand frère ou un ami plus âgé, ton père, un oncle, un grand-père, un animateur, un entraîneur ou un enseignant, toute personne avec laquelle tu te sens à l'aise.

Un point important !

Ton cerveau d'adolescent est plus vulnérable que celui d'un adulte. Cela signifie que les effets dangereux de l'alcool et d'autres drogues pourraient avoir sur toi un impact beaucoup plus grand et des conséquences à long terme. Il vaut mieux que tu te tiennes loin de ces choses-là !

Ta peau

Ta peau est composée de trois couches. L'épiderme est la couche extérieure, visible. En dessous se trouve le derme, qui contient les terminaisons nerveuses, les vaisseaux sanguins, ainsi que les glandes sudoripares et sébacées produisant la sueur et une substance grasse appelée le « sébum ». Sous le derme, on trouve les couches internes, là où les poils commencent à pousser. Elles sont principalement composées de gras.

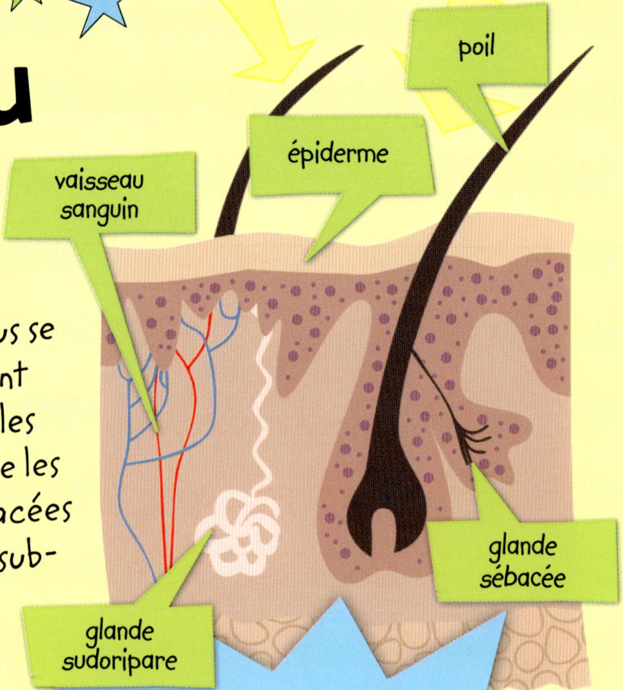

Le savais-tu ?

En fait, ta peau est un organe ! Non seulement cela, mais c'est le plus gros de tous les organes, car il couvre tout ton corps.

Comment fonctionne la peau ?

Premièrement, c'est une couche épaisse qui empêche la pollution d'entrer dans ton corps. Chaque jour, tu perds des cellules de peau mortes en te lavant ou tout simplement en bougeant. Ta peau produit sans arrêt de nouvelles cellules. Mais elle utilise une protéine présente dans les cellules mortes, appelée « kératine », pour rendre ta peau imperméable.

Deuxièment, ta peau contrôle la température de ton corps. Par temps chaud, les glandes sudoripares produisent de la sueur pour te rafraîchir. Quand il fait froid, les couches inférieures de la peau servent d'isolant.

Troisièment, une couche de gras te protège des secousses et des coups, absorbant un peu les chocs lorsque tu tombes.

Il faut que ça sorte

Ta peau est couverte de petites glandes. Si tu aimes les noms savants, on les appelle les « glandes sébacées ». Elles sont très nombreuses sur le front, le nez, les joues et le menton. À cause des hormones de la puberté, ces glandes deviennent folles. Soudain, la peau de ton visage est plus grasse, et ce gras bouche les pores de ta peau, produisant des boutons. Tu auras peut-être l'impression que ta peau, qui était lisse comme une peau de bébé, est plus rugueuse à mesure que tu vieillis.

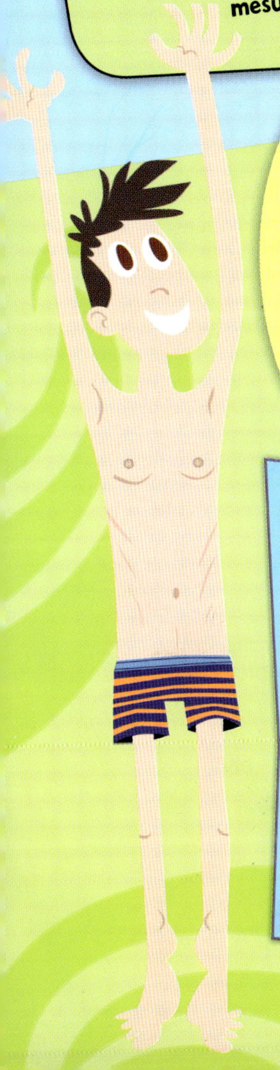

Message bien reçu

La peau renferme des récepteurs qui répondent à la température, au toucher et à la douleur. Ils envoient des messages et des signaux directement au cerveau. Alors la prochaine fois que tu te fais mal, n'oublie pas de dire : « C'est merveilleux, les récepteurs de ma peau fonctionnent vraiment bien ! »

Tout un étirement !

À cause du rythme accéléré de ta croissance, tant en taille qu'en poids, il se peut que tu remarques des marques rougeâtres, appelées « vergetures », sur ton dos, tes fesses et les cuisses. Elles se décoloreront, pâliront et disparaîtront à mesure que tu grandis. Plusieurs garçons ne s'en font pas avec ces marques, mais si elles t'inquiètent, tu trouveras en pharmacie des lotions pour la peau qui les rendront moins apparentes.

Un bon nettoyage

Avec tout ce gras qui surgit sur ton visage, il est très important de bien le laver deux fois par jour.

- Utilise un nettoyant doux, fabriqué spécialement pour la peau des adolescents. Certains produisent une mousse qui te permet de bien te laver le cou et le visage, avant de les rincer à l'eau tiède, avec une débarbouillette propre.
- Tu préféreras peut-être utiliser un tampon d'ouate imbibé d'un nettoyant liquide. Passe-le sur ton visage et ton cou. Avec ces types de nettoyants, il n'est pas nécessaire de les rincer. Et n'oublie pas de bien lire (et suivre!) les instructions!
- Quel que soit le type de produits que tu choisis, assure-toi de bien nettoyer tout ton visage, y compris le cou, le front et derrière les oreilles.

Un bouton: quelle horreur!

Quand un bouton apparaît sur ton visage, il est possible que tu te sentes vraiment déprimé et sensible. Alors si tu as envie de taquiner un jeune au sujet de ses boutons, n'oublie pas que, la prochaine fois, ça pourrait être à ton tour!

Relie les points

Les boutons sont l'une des «joies» de la puberté. Ils se forment lorsque les pores de la peau sont obstrués par une accumulation de sébum. Près de 90 % des adolescents ont des boutons à l'une ou l'autre des étapes de la puberté. Ce n'est pas une bonne idée de gratter ou de pincer les boutons, mais… OK, tout le monde le fait. Assure-toi simplement d'avoir les doigts et les ongles bien propres avant de les approcher d'un bouton. Tu pourrais introduire des bactéries dans une plaie ouverte – pas très brillant.

Les **points noirs** sont jaunâtres ou noirs. Ils ressemblent à des bosses sur ta peau et ont parfois l'air légèrement picotés. Le sébum emprisonné peut paraître noir, parce qu'il a réagi avec l'air.

Les **points blancs** ressemblent aux points noirs, mais ils n'ont pas changé de couleur, parce que le pore est fermé et que le sébum n'a pas été exposé à l'air.

L'**acné** est une vilaine inflammation de la peau, habituellement composée d'un mélange de points noirs, de points blancs et d'autres types de boutons – merveilleux ! Cela peut être sensible et causer des démangeaisons, mais essaie de résister à l'envie de pincer tes boutons. Tu risquerais ainsi d'aggraver ton acné ou même de laisser des cicatrices permanentes. Si tu souffres d'acné sévère, parles-en avec un médecin ou un pharmacien.

Les **taches de rousseur** sont de petites taches brunes sur la peau, causées par le soleil. Nous avons tous dans la peau des cellules qui sécrètent un pigment, appelées « mélanocytes ». Exposés au soleil, les mélanocytes produisent des taches de rousseur sur le visage et sur le corps. Si quelqu'un dans ta famille a des taches de rousseur ou si ta peau est pâle, tu as plus de risques d'en avoir. Utiliser une bonne protection solaire et éviter de t'exposer aux puissants rayons du soleil sont des moyens d'éviter l'apparition de taches de rousseur.

De petites choses poilues

Quand commence la puberté, tu peux avoir l'impression d'être couvert de poils ! Cela peut te sembler désagréable, mais les poils ont leur importance.

Les poils préservent la peau des microbes, ils protègent les parties sensibles de ton corps et t'aident à rester bien au chaud. Ton corps se sert aussi de l'odeur des poils pour attirer les autres, au moyen de composés chimiques naturels appelés « phéromones ». Cette odeur attire les autres vers toi – ça facilite les rencontres ! Mais n'oublie pas, il y a une différence entre les phéromones et les chaussettes sales – ou les aisselles !

Pourquoi ça pousse ?

Les poils poussent grâce à l'hormone lutéinisante (ou LH) sécrétée par l'hypophyse. La LH stimule la puberté et le début de la croissance des poils adultes.

Q et R

Q : Je me sens tellement gêné quand je dois me changer pour le cours d'éducation physique ! Je n'ai aucun poil sur les jambes, alors que d'autres garçons, eh bien, en ont tellement qu'on pourrait presque en faire des tresses. Quel est mon problème ?

R : Ne t'inquiète pas. Chacun vit la puberté de façon différente, et les poils apparaissent à des moments différents. De plus, certains hommes ont moins de poils que les autres. La bonne nouvelle, c'est que bien des hommes préfèrent avoir un corps lisse, et c'est aussi comme ça que certaines filles aiment leur petit ami !

De plus en plus poilu

De 10 ans à 17 ans, les poils que tu as déjà commenceront à épaissir, et de nouveaux poils apparaîtront. Cela peut se produire n'importe quand pendant cette période, il n'y a pas d'âge «correct». Tous les garçons sont différents. Les poils de ton corps continueront à épaissir avec le temps.

Rasé de près

Q et R

Q : On dirait que j'ai plus de poils sur le visage que mes copains, et je suis gêné d'avoir une moustache. Qu'est-ce que je peux faire ?

R : Il est fort probable que tes amis souhaiteraient avoir eux aussi des poils sur le visage ! Si tu n'aimes pas ça, il n'y a pas d'autre solution que de te raser. Pourquoi ne pas demander conseil à un garçon plus âgé que toi ?

Les règles du rasage

- Utilise toujours ton propre rasoir. Ne le prête à personne.
- Ne te rase jamais sans avoir d'abord appliqué une mousse ou un gel sur les parties à raser.
- Rase-toi de haut en bas, dans le sens du poil, avec des mouvements longs et réguliers.
- Rince ton rasoir à l'eau tous les deux coups, pour l'empêcher d'être obstrué par des poils.
- Rase d'abord les joues et le menton, puis la lèvre supérieure. Courbe ta lèvre sur les dents du haut si cela peut t'aider.
- Si tu te coupes, sers-toi d'un crayon hémostatique, vendu en pharmacie, pour arrêter le saignement.
- Nettoie tout surplus de crème à raser avec de l'eau tiède.
- Lave bien ton rasoir avant et après le rasage.
- Évite d'utiliser une lotion après-rasage. Cela pourrait irriter la peau.
- Assure-toi que les lames de ton rasoir sont bien tranchantes et change-les régulièrement.

Électrisant!

Les rasoirs électriques peuvent être durs pour la peau des jeunes et ils sont plus coûteux que les rasoirs à main. Au début, essaie d'utiliser un rasoir jetable; c'est une façon plus économique d'essayer différents types de rasoirs pour trouver celui que tu préfères.

Lisse et tondu ou soyeux et poilu?

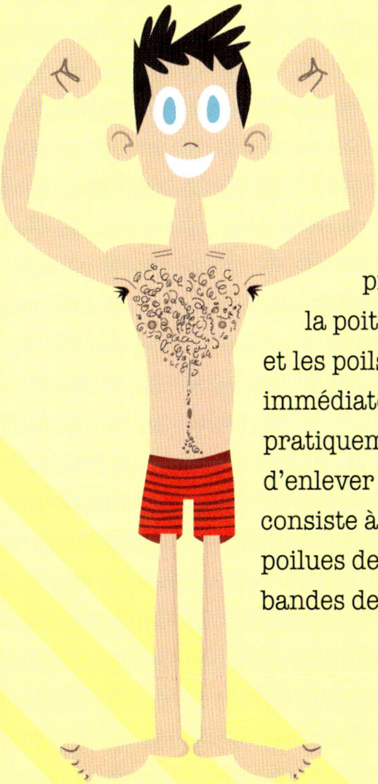

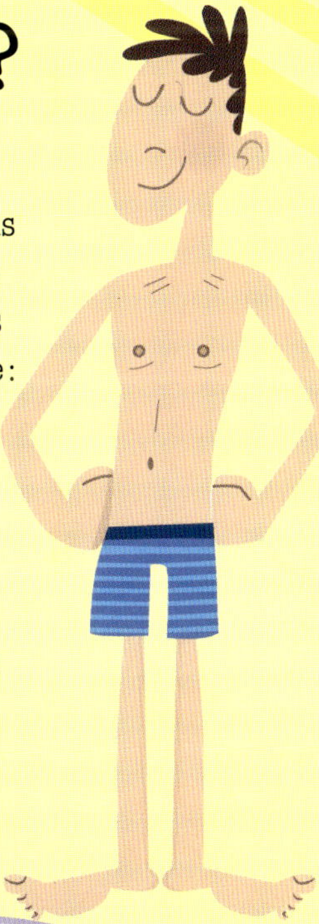

Certains garçons aiment avoir la poitrine et le dos dépourvus de poils pour montrer leurs muscles, alors que d'autres estiment qu'un corps velu est plus «viril». Poilu ou lisse: c'est un choix personnel. Si tu préfères avoir le corps lisse, te raser la poitrine exigera beaucoup de temps, et les poils se remettront à pousser presque immédiatement. De plus, se raser le dos est pratiquement impossible! La meilleure façon d'enlever les poils est l'épilation à la cire, qui consiste à étendre de la cire sur les parties poilues de la peau, puis à l'arracher avec des bandes de tissu.

Aïe!

Ne t'y trompe pas, l'épilation à la cire est parfois douloureuse! De plus, s'épiler soi-même peut être compliqué. Il est donc préférable de se faire épiler par un professionnel.

Tiré par les cheveux

Certains hommes plus âgés ne comprennent pas que des garçons utilisent des produits pour les cheveux ou des fers plats, voire qu'ils aiment des styles de coiffure et des couleurs de cheveux différentes. À leur époque, ils se contentaient d'avoir les cheveux « courts en arrière et sur les côtés ». Mais aujourd'hui, les garçons peuvent avoir des coupes ou des coiffures spéciales pour se sentir bien et beaux !

Conseil n° 1

Assure-toi de bien te rincer les cheveux après un shampoing. Des résidus de savon leur donneront une apparence terne, car ils laissent sur les cheveux une couche qui ressemble aux pellicules.

Tout doux

Les glandes sébacées du cuir chevelu faisant des heures supplémentaires pendant la puberté, produisant plus de sébum et rendant les cheveux plus gras qu'avant, il est possible que tu souhaites te laver les cheveux tous les jours. Si c'est le cas, assure-toi d'utiliser un shampoing doux. Des shampoings plus puissants contiennent beaucoup de produits astringents dégraissants qui peuvent être durs pour les cheveux et irriter le cuir chevelu.

Rince à fond

Si tu utilises beaucoup de produits pour les cheveux, comme du gel ou de la mousse coiffante, assure-toi de les rincer complètement lors de ton prochain shampoing. Sinon tu te retrouveras avec une accumulation de résidus sur les cheveux et le cuir chevelu.

Un problème fréquent

Les pellicules sont de petites écailles de peau morte provenant du cuir chevelu. Résiste à la tentation de te gratter la tête et utilise un shampoing antipelliculaire doux. Les pellicules ne sont pas contagieuses.

Parlons de poux

La plupart des gens attrapent des poux à un moment ou l'autre de leur vie (même les enseignants !). Si tu as des frères et sœurs plus jeunes que toi, il se peut que tu aies des poux, toi aussi. Les poux s'agrippent aux cheveux et sont pratiquement invisibles à l'œil nu. Ils se nourrissent du cuir chevelu en piquant et en suçant le sang comme de petits vampires. Puis ils pondent leurs œufs blancs collants, qu'on appelle des «lentes», dans les cheveux. La seule façon efficace de se débarrasser complètement des poux est d'utiliser un shampoing ou une lotion spéciale, vendus en pharmacie, et de suivre attentivement les instructions.

Le choix des poux

C'est un mythe de penser que seuls les gens aux cheveux sales peuvent avoir des poux et des lentes. En effet, ces petites bêtes sauteront sur n'importe quelle tête si on leur en donne l'occasion.

Le zizi, parlons-en !

Tous les garçons ont un pénis. Il est de forme et de taille variées, et on lui donne différents noms. Le plus important, c'est que tu as peut-être récemment remarqué certains changements au tien.

À quoi sert-il donc ?

Un pénis a deux fonctions principales :

1. Une fonction d'élimination : pour te débarrasser de l'urine.
2. Une fonction de reproduction : pour introduire du sperme dans le corps d'une femme. Le sperme est « éjaculé » : la substance blanche et collante, ou liquide séminal, est expulsée du petit trou au bout de ton pénis.

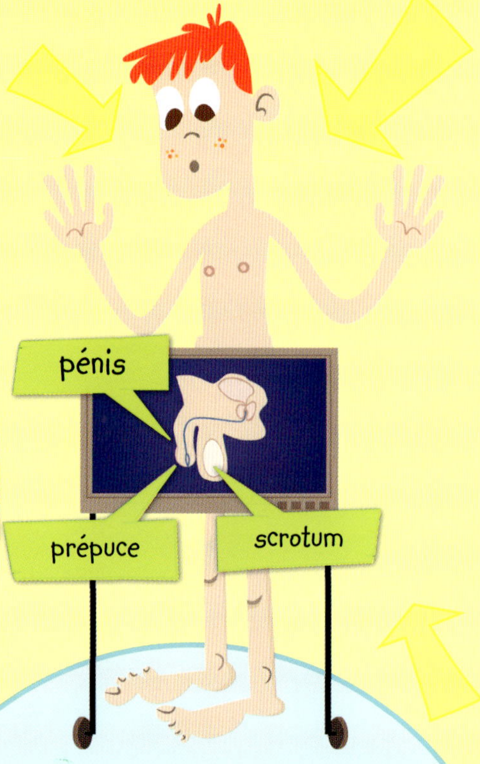

Tous différents

Certains garçons s'inquiètent du fait que leur pénis leur semble trop petit. Eh bien, tous les pénis sont différents ! On en trouve de toutes les tailles et de toutes les formes ; aucun pénis n'est complètement droit, et un pénis plus gros n'est pas nécessairement un meilleur pénis. La taille n'a pas d'importance. Compris ? Parfait !

N'en fais pas une obsession !

Si tu crois que ton pénis est trop petit, ce n'est presque assurément pas le cas. De plus, il va continuer de grandir jusqu'à ce que tu aies 18 ans, et peut-être même jusqu'à 21 ans ! Les pénis sont toujours plus petits dans l'eau froide et par temps froid. Et n'oublie pas non plus qu'un grand pénis flasque (mou) ne devient souvent pas beaucoup plus gros en érection, alors qu'un pénis plus petit peut presque doubler de volume lors d'une érection !

Et les bébés ?

Essentiellement, quand un homme éjacule au cours d'une relation sexuelle, du sperme est transféré du pénis au vagin de la femme. Les spermatozoïdes nagent ensuite jusqu'à l'utérus, à la recherche d'un ovule à féconder. Si un spermatozoïde et un ovule s'unissent, la femme devient enceinte. Toutefois, bien des éléments affectifs entrent en ligne de compte dans les relations sexuelles, et il vaut la peine d'en parler. Une relation sexuelle est quelque chose d'IMPORTANT et cela ne devrait se produire qu'entre deux personnes qui sont prêtes, tant physiquement qu'émotivement. Personne ne devrait avoir de relations sexuelles parce que:

- ★ Les autres se vantent d'en avoir.
- ★ Une personne pense que ça va aider l'autre à tomber amoureux d'elle.
- ★ Une personne s'organise pour convaincre l'autre de le faire.
- ★ Une personne croit que cela va la rendre plus adulte.

Le plus important

Si quelqu'un a fait sur ton corps des gestes qui t'ont rendu mal à l'aise ou que tu n'as pas aimé, il est très important d'en parler avec un adulte en qui tu as confiance, comme un enseignant.

La contraception

La contraception permet à un homme et à une femme d'avoir des relations sexuelles sans que la femme devienne enceinte. Certains moyens de contraception servent aussi à empêcher les gens de contracter de vilaines maladies, appelées « infections transmises sexuellement » ou « ITS », pendant les relations sexuelles.

Sous pression

Les garçons peuvent ressentir une grande pression qui les pousse à se vanter d'avoir des relations sexuelles, d'une manière bête et irrespectueuse. Imagine si c'était de ta sœur qu'un garçon parlait ! La plupart des gens n'ont pas de relations sexuelles avant l'âge de 16 ans, alors rien ne presse.

Les érections : la dure réalité

Une érection signifie que tu es excité. Une quantité supplémentaire de sang circule dans ton pénis, le rendant plus long et plus dur. Pendant la puberté, tu pourrais avoir souvent des érections, parfois dans des circonstances embarrassantes ! Il est possible que tu aies simplement croisé un groupe de filles ou que ça se produise comme ça, sans raison apparente. Si tu as peur que quelqu'un s'en rende compte, place ton sac ou tes livres d'école devant toi. Certains garçons trouvent que le fait de porter un pantalon ample les aide à camoufler les choses. Et n'oublie pas : la plupart des garçons de ton âge éprouvent le même problème.

Q et R

Q : Il y a une substance blanche sous mon prépuce. Qu'est-ce que c'est et qu'est-ce que je peux faire à ce sujet ?

R : Cela est tout à fait normal. C'est ce qu'on appelle du « smegma ». Cela sert à lubrifier ton prépuce. Nettoie chaque jour sous ton prépuce, pour éviter que le smegma se mette à sentir mauvais ou à te démanger.

Q : Comment garder mon pénis et mon scrotum bien propres ?

R : En faisant ta toilette quotidiennement dans le bain ou sous la douche. Si tu as un prépuce, rétracte-le délicatement et arrose-le avec de l'eau. Utilise un gel pour la douche ou un savon doux pour laver ton pénis et le reste de la région génitale.

Ton prépuce et toi

Tu es né avec un prépuce qui couvre la tête de ton pénis. Dans certaines cultures ou pour des raisons médicales, on enlève parfois le prépuce (c'est ce qu'on appelle la « circoncision »). Si tu as encore un prépuce, assure-toi de bien nettoyer la partie autour du bout de ton pénis, pour réduire les risques d'infection. Et n'oublie pas que ton pénis fonctionnera tout à fait normalement, qu'il ait ou non un prépuce !

Les bosses et les taches

Si tu remarques des bosses blanches ou jaunes sur la peau au bout de ton pénis, ne les pince pas ! Elles sont tout à fait normales. C'est ce qu'on appelle des « papules » et ce n'est habituellement rien d'inquiétant. Mais certaines bosses ou taches peuvent être un signe d'infection. Si cela t'inquiète, n'hésite pas à les montrer à ton médecin.

Dans les boules!

Il se peut que tu trouves que tes testicules se durcissent et deviennent inconfortables quand tu as une érection. Cela est normal et disparaîtra quand ton pénis redeviendra mou.

Une autre chose très IMPORTANTE à ne pas oublier est à quel point il est douloureux et dangereux de recevoir un coup ou de frapper un garçon dans les testicules. Il faut à tout prix l'éviter!

C'est aussi une bonne idée de t'habituer à vérifier tes testicules quand tu prends ta douche ou ton bain. Ils ne sont pas parfaitement ronds et lisses, mais si tu remarques une bosse, une douleur ou une inflammation, fais-toi examiner par un médecin le plus vite possible.

La force du nombre

Un homme peut produire jusqu'à 30 millions de spermatozoïdes à chaque éjaculation.

Les rêves mouillés

Quand ils se réveillent, certains garçons se rendent compte que leurs draps sont mouillés. Ils n'ont pas fait pipi au lit, ils ont éjaculé pendant leur sommeil. À mesure que tu vieillis, les éjaculations nocturnes seront de moins en moins fréquentes, puis elles disparaîtront complètement. Certains garçons ont beaucoup d'éjaculations nocturnes, d'autres n'en ont jamais!

Changer de forme

La puberté est une période de changements si rapides que tu peux avoir l'impression que ton corps est différent d'un jour à l'autre. Tout le monde s'en fait à un certain moment pour son corps : on voudrait être plus grand, plus musclé, plus poilu. Mais souviens-toi que personne au monde ne réussit aussi bien que toi à être toi !

Il est possible que tes bras et tes jambes se mettent tout à coup à allonger, à devenir plus minces, et que tu aies l'impression que ce ne sont pas les tiens. Tu pourrais alors devenir plutôt maladroit, trébucher et renverser des choses. Tes épaules s'élargiront peut-être avant que tu atteignes un poids proportionnel ; tu risques alors de te sentir comme un gringalet maigrichon. Ne t'en fais pas ! Tes muscles se mettront bientôt à se développer naturellement, faisant en sorte que tu aies l'air et te sentes beaucoup plus normal !

De terribles taquineries

Certaines personnes manquent vraiment de délicatesse et taquinent les adolescents au sujet des changements dans l'apparence de leur corps. Ajouté à tous les changements sur le plan émotionnel dont nous avons parlé, cela peut être très blessant. Si c'est un peu trop pour toi, n'oublie pas qu'il y a des adultes à qui tu peux parler, qui sont là pour toi et qui sont prêts à t'écouter : tes parents, les enseignants, les éducateurs.

Crise de croissance

En l'espace de deux ou trois ans, il se peut que tu traverses une importante poussée de croissance. Il est fort possible que le col d'une chemise te fasse un jour, mais qu'il soit trop étroit la semaine suivante ! Pourquoi ne pas attendre d'avoir fini de grandir avant d'investir dans ce jean griffé très cher !

Bien musclé

Ne deviens pas obsédé par l'idée que tu dois avoir des abdominaux bien sculptés et des pectoraux saillants. Il n'est pas naturel pour les adolescents d'avoir des muscles aussi finement dessinés. En réalité, il est dangereux d'entreprendre une routine de musculation ou de culturisme sévère au cours de la croissance. Contente-toi de rester en forme en faisant de l'exercice et en pratiquant des sports quelques fois par semaine, et tes muscles se développeront de façon naturelle. Et n'oublie pas : presque tous les autres garçons de ton âge ont les mêmes préoccupations que toi.

La pomme d'Adam

Tout est dans le nom

Certaines personnes croient qu'une pomme d'Adam ressemble à quelque chose qui serait pris dans la gorge, comme un morceau de pomme, d'où le nom de « pomme d'Adam ».

Tout le monde en a une, même les filles ! Le nom savant est « larynx ». Il est situé dans la gorge et c'est de là que vient la voix. Pendant la puberté, le larynx grossit beaucoup plus chez les garçons, et leur voix devient donc plus forte et plus grave. À une certaine étape, ton larynx sera plus visible sur ton cou, ressortant quelque peu.

Q et R

Q : Ma voix n'arrête pas de grincer. Qu'est-ce qui ne va pas ?

R : Rien ! Ton larynx en pleine croissance est tout simplement en train de s'habituer à sa nouvelle taille et à son nouveau son. Voilà pourquoi ta voix semble plus aiguë à certains moments et plus grave l'instant d'après. Cela peut être un peu ennuyeux, parfois, de ne pas savoir si tu vas grogner ou couiner quand tu ouvres la bouche ! Mais n'oublie pas que la moitié des humains de la planète vivront cette même expérience, et que ça ne dure pas éternellement.

En pleine forme

Personne ne veut avoir l'air d'un télézard ni se sentir comme tel. Personne non plus ne veut faire de l'exercice au point où cela devient une obsession maladive.

Si tu fais de l'exercice et te gardes en forme :

- Tu augmentes le nombre de « bonnes hormones » dans ton corps, ce qui fait que tu te sens bien, que tu ressens un sentiment d'euphorie naturel.
- Tu as plus d'énergie.
- Tu as du plaisir.
- Tu te fais de nouveaux amis.
- Ta peau, tes cheveux et tes yeux sont plus brillants.
- Tu te sens revigoré et tu as plus confiance en toi.

Si tu restes un télézard :

- Tu prendras probablement trop de poids et tu n'auras aucun tonus musculaire.
- Tu auras la peau, les cheveux et les yeux ternes.
- Tu t'ennuieras.
- Tu auras peu d'énergie.
- Tu auras probablement une faible estime de toi.
- Tu te priveras de moments plaisants avec tes amis.
- Tu ne rencontreras pas autant de nouveaux amis.

Des sports merveilleux pour ados en forme

- ★ Les sports d'équipe, comme le football, le soccer, le hockey, le volleyball, le handball ou le basketball
- ★ La planche à roulettes
- ★ La course à pied
- ★ La natation
- ★ Le cyclisme
- ★ L'aviron
- ★ Le tennis
- ★ La marche
- ★ Les jeux vidéo interactifs qui font bouger, comme les jeux sur la console Wii et les jeux de danse
- ★ Les exercices qui affermissent les muscles, comme les flexions des jambes, les pompes et les demi-redressements assis

Un point important !

Quel que soit le sport ou l'exercice que tu souhaites pratiquer, assure-toi d'avoir les vêtements et l'équipement protecteur appropriés pour éviter de te blesser. Protège en particulier tes dents et tes organes génitaux.

Vas-y !

Si tu as envie d'essayer un nouveau sport, tu trouveras des renseignements sur l'endroit où il se pratique au service des sports de ta municipalité, un gymnase ou sur Internet. En tout temps, des gens s'inscrivent à des clubs de sport, alors on sera sûrement très heureux de t'y accueillir.

Tu es ce que tu manges

Tu entres dans la puberté avec environ 5 % de masse graisseuse. À la fin de la puberté, tu en auras de 8 % à 20 %, et il devrait en être ainsi pendant la plus grande partie de ta vie adulte.

J'ai faim !

Parce que tu grandis rapidement et que tu brûles ainsi beaucoup d'énergie, tu as probablement toujours faim ! Assure-toi de demeurer actif et de manger un mélange d'aliments et de gâteries santé. Si tu dînes à l'école, les repas sont habituellement sains, si tu fais les bons choix. Ces bonnes habitudes te garderont en forme toute ta vie durant.

Fait nº 1

Les garçons particulièrement actifs consomment de 3 000 à 4 000 calories par jour.

Fait nº 2

Pendant la puberté, les garçons prennent environ de 1 à 1,5 kilo tous les 3 mois.

Un peu de tout

Une saine alimentation est variée. Tu devrais idéalement manger chaque jour de trois à cinq portions de fruits et de légumes. Un verre de jus de fruits ou une boisson fouettée peut compter pour une portion ! Tu dois aussi manger des féculents riches en vitamines, comme le pain, les céréales, le riz, les pâtes ou les pommes de terre. Si tu manges de la viande, choisis du poisson ou des viandes comme le poulet. Réduis ta consommation d'aliments riches en sucre, en gras et en sel, comme le chocolat, les gâteaux, les croustilles, le beurre, les saucisses et les tartes.

Debout! C'est l'heure du déjeuner!

Ne sois pas tenté de sauter le déjeuner, juste pour pouvoir profiter d'une demi-heure supplémentaire au lit. Tu es sans doute fatigué de l'entendre, mais le déjeuner est vraiment le repas le plus important de la journée. Après avoir déjeuné, tu te sentiras plein d'énergie, tu seras capable de mieux te concentrer à l'école et tu pourras tenir jusqu'au dîner. De plus, ton estomac ne gargouillera pas pendant les cours de l'avant-midi – c'est si embarrassant! Tu pourrais demander à un de tes parents d'acheter des aliments nutritifs; tu pourrais offrir ton aide pour la préparation des repas, et même pour la vaisselle! Il est possible que tu aimes ça et, qui sait, tu deviendras peut-être un célèbre chef cuisinier!

Tu as besoin d'eau!

N'attends pas d'avoir soif pour boire quelque chose, parce qu'à ce stade ton corps est déjà en train de se déshydrater! Essaie de boire de l'eau plutôt que des boissons sucrées et pétillantes. L'eau est meilleure pour les dents et plus rafraîchissante; elle ne coûte rien si tu la prends au robinet et elle ne contient aucune calorie!

L'obsession du poids

Les filles ne sont pas les seules à s'inquiéter de leur poids. Les garçons peuvent eux aussi être obsédés par les régimes. Les aliments sont des éléments essentiels de la vie, et un bon repas en est l'un des grands plaisirs. Si tu manges trop et ne fais pas suffisamment d'exercice ou si tu ne manges pas assez et t'entraînes avec excès, tu peux vraiment tomber malade. L'anorexie et la boulimie sont deux troubles de l'alimentation qui surviennent parfois à l'adolescence. Les jeunes qui en souffrent peuvent se fatiguer rapidement, perdre leurs dents et leurs cheveux, et ils ont une faible estime d'eux-mêmes. Si tu crains que toi-même ou quelqu'un de ton entourage souffriez d'un trouble de l'alimentation, il est très important d'en parler à un adulte.

On aura tout vu!

La vue et les yeux sont précieux, tu dois en prendre soin.
Assure-toi de :

- ★ Faire régulièrement de l'exercice : les yeux ont besoin d'oxygène pour rester en santé ; demeurer actif augmentera l'approvisionnement en oxygène de ton corps.
- ★ Ne pas passer trop de temps devant la télé ou l'écran d'ordinateur. Les reflets peuvent fatiguer les yeux.
- ★ Dormir suffisamment pour bien te reposer les yeux.
- ★ Subir périodiquement un examen de la vue : même si tu ne crois pas avoir de problème, il est bon de te faire examiner, car l'optométriste peut voir aussi à l'intérieur de tes yeux et vérifier si tout est OK.
- ★ Porter tes lunettes si on te l'a prescrit : si tu ne les portes pas, tes yeux seront fatigués et douloureux.
- ★ Protéger tes yeux du soleil : porte des lunettes de soleil en été et des lunettes de ski pour dévaler les pentes l'hiver.

Les lunettes : de près et de loin

Si tu es myope, cela signifie que tu as de la difficulté à voir les choses de loin, comme l'écran au cinéma ou les panneaux de circulation. Si tu es hypermétrope, alors tu as du mal à lire des livres ou des textes sur un écran. La bonne nouvelle, c'est que si tu dois porter des lunettes tu pourras choisir parmi des tas de styles, et certaines filles pourraient vraiment s'enticher de toi (imagine à quel point tu auras l'air intelligent !). Si tu es très sportif, choisis une monture flexible et même une courroie qui s'attache à tes lunettes et te permet de les fixer à ta tête. Tu peux aussi te procurer des lunettes de natation si tu passes beaucoup de temps à la piscine.

Fragile !

Pour garder tes lunettes en excellent état :

- ★ Nettoie-les avec le chiffon doux fourni dans ton étui ou avec un produit spécialement conçu pour laver les lentilles.
- ★ Ne dépose pas tes lunettes sur les lentilles, cela risque de les égratigner.
- ★ Laisse tes lunettes dans leur étui quand tu ne les portes pas.

Prendre contact

C'est formidable, des lunettes, mais si tu en as vraiment assez de les porter, tu pourrais songer à avoir des verres de contact. L'optométriste te dira si cela te convient. Les lentilles cornéennes doivent être conservées dans une solution spéciale quand tu ne les portes pas, sinon elles risquent d'endommager tes yeux. Plusieurs personnes préfèrent les lentilles jetables, beaucoup plus faciles d'entretien.

À pleines dents

Tu as besoin de tes dents pour manger et pour communiquer. Tu ne veux donc pas de dents cariées ou sales. Prendre soin de ses dents, c'est un bon départ dans la vie !

Important !

★ Brosse-toi les dents pendant deux minutes, deux fois par jour.
★ Brosse non pas de haut en bas ou de travers, mais en formant de petits cercles.
★ Utilise un dentifrice au fluorure et une brosse à dents adaptée à ton âge.
★ Passe la soie dentaire pour nettoyer entre les dents une fois par jour, de préférence avant de te coucher.
★ Change régulièrement ta brosse à dents. Quand le haut des poils commence à être courbé, il est temps de la changer.

Sacré sucre

Il est préférable de boire les boissons gazeuses et les jus avec une paille, pour que le sucre couvre moins tes dents. De plus, ne te brosse pas les dents immédiatement après avoir bu une boisson sucrée, car cela pourrait en ramollir l'émail. Il vaut mieux attendre une trentaine de minutes et te rincer la bouche avec de l'eau avant de brosser.

Mégamolaires

Vers l'âge de 14 ans, tu auras la plupart de tes dents d'adulte, mais certaines molaires attendent 17 ans ou plus tard avant de percer. Ce sont les troisièmes molaires, mieux connues sous le nom de « dents de sagesse ». Bien des gens n'ont pas assez de place dans la bouche pour leurs dents de sagesse, alors les dentistes les surveillent régulièrement.

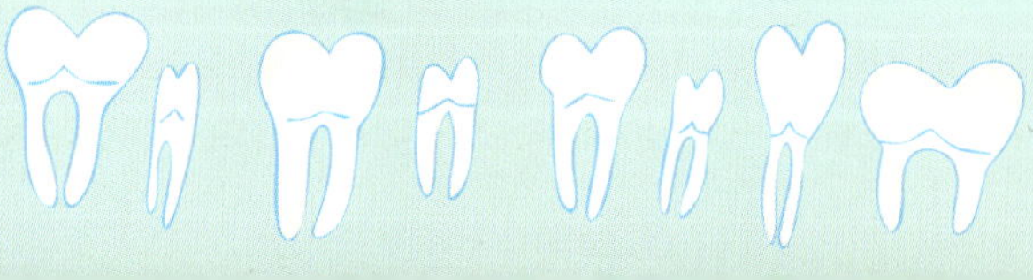

Un contact frappant !

Si tu pratiques un sport de contact (comme le hockey, le karaté, la boxe ou le football), porte toujours un protège-dents. Cela t'évitera une dent cassée ou une blessure aux gencives. Tu peux t'en procurer un dans les magasins de sport à un prix raisonnable. Il te suffit de suivre les instructions pour bien l'adapter à ta bouche.

Ajuste ton appareil

Plusieurs adolescents portent des broches parce que leurs dents sont mal alignées, trop rapprochées ou ne se chevauchent pas correctement. On peut devoir porter un appareil orthodontique pendant quelques mois ou quelques années. Si tu portes des broches, assure-toi de bien suivre les conseils pour nettoyer tes dents et tes broches. En effet, il serait inutile d'avoir de jolies dents bien alignées si c'est pour les laisser se carier ! Personne n'est fou de joie à l'idée d'avoir la bouche pleine de métal, mais, au bout du compte, ça en vaut la peine. Pense au sourire qui en résultera... ou à tous ces rendez-vous chez le dentiste que tu éviteras quand tu seras plus vieux !

Quelle bête puante !

La mauvaise haleine peut être causée par la cigarette, certains aliments, des dents mal brossées et, exceptionnellement, par un problème médical. Te brosser correctement les dents, les gencives et la langue de façon régulière devrait tenir la mauvaise haleine à distance. Sinon parles-en au dentiste.

Propre, propre, propre

Durant toute la journée, la peau produit du sébum, de la sueur et, en même temps, elle perd des cellules mortes. Dans l'air qui nous entoure se trouvent des bactéries qui, que tu le veuilles ou non, se joignent à ce mélange, et ta-dam ! ton corps commence à sentir. En fait, chez certains garçons, quelques parties du corps ont une odeur plus forte que les autres. C'est ce qu'on appelle l'« odeur corporelle ».

Pour contrôler les mauvaises odeurs :

★ Lave-toi tous les jours, de préférence dans le bain ou sous la douche.

★ Sèche-toi complètement après t'être lavé.

★ Suspends ta serviette pour bien la faire sécher et change-la après quelques jours.

★ Utilise un déodorant pour éliminer les mauvaises odeurs des aisselles.

★ Porte chaque jour une chemise ou un chandail propre.

★ Si tu as un uniforme scolaire, enlève-le quand tu reviens à la maison en fin de journée ; suspends-le pour l'aérer quand tu ne le portes pas.

★ Après avoir fait de l'exercice, prends toujours une douche et mets des vêtements propres.

Tu sais quoi?

Ton corps compte 3 MILLIONS de glandes sudoripares. Et tout le monde en a autant!

Sens ça!

Si tu crois que tu as un peu d'odeurs corporelles, n'attends pas que quelqu'un te dise que tu sens mauvais pour faire quelque chose. Prends de bonnes habitudes d'hygiène, lave-toi régulièrement et tu n'auras plus à t'en soucier.

Dé-odorant

De nombreux garçons aiment porter un déodorant pour s'assurer de sentir bon. Mais attention : un déodorant ne masquera pas la mauvaise odeur de transpiration qui se trouve en dessous. Tu dois te laver avant de l'appliquer. De plus, assure-toi de te laver régulièrement pour rincer l'odeur appliquée précédemment. Si tu ne le fais pas, le déodorant lui-même se mettra à sentir mauvais et il bloquera les pores de ta peau, rendant encore plus probables les mauvaises odeurs corporelles.

Partir du bon pied

Les pieds sont souvent les premiers à grandir quand survient la puberté. Il se peut qu'ils allongent tellement vite qu'en un rien de temps tes nouvelles chaussures seront déjà trop petites ! Les pieds de certains garçons atteignent leur taille maximale autour de 15 ans.

Q et R

Q : *Mes pieds sentent vraiment mauvais – même moi, je les sens ! Comment puis-je les empêcher de puer autant ?*

R : Voici plusieurs trucs pour t'aider :

- ★ **Te laver les pieds chaque jour et les sécher complètement.**
- ★ **Porter chaque jour des chaussettes de coton propres.**
- ★ **Mettre des chaussettes différentes quand tu fais du sport et les changer après.**
- ★ **Ne pas toujours porter des chaussures de sport ; alterner avec des souliers de cuir ou d'autres chaussures bien aérées.**
- ★ **Laisser tes chaussures dans un endroit bien aéré quand tu les enlèves.**
- ★ **Garder tes ongles d'orteils courts et bien propres.**
- ★ **Marcher pieds nus au moins de temps en temps quand tu es à la maison.**
- ★ **Utiliser des semelles intérieures désodorisantes et de la poudre pour les pieds.**

Ça pue !

Tes pieds sont couverts de glandes sudoripares contenant de l'eau et du sel, qui sont sans cesse sécrétés. Suppose qu'on enferme ces pieds dans une paire de chaussures pendant une journée et qu'on mélange toute cette sueur avec les bactéries contenues dans tes chaussures et tes chaussettes – vision suante, n'est-ce pas ? Nauséabonde aussi. Avoir les pieds qui sentent mauvais, c'est ce qu'on appelle « souffrir de bromidrose ». Mais peu importe le nom qu'on emploie, ça empeste.

De vilaines verrues

Tout le monde a entendu parler des verrues plantaires, mais peu de gens admettent en avoir une. C'est dommage, parce que les verrues sont très contagieuses. C'est le poids de ton corps qui pousse les verrues plantaires à se développer à la surface de la peau de la plante du pied.

Au vestiaire !

Quand tu marches sur le sol des vestiaires à l'école ou à la piscine publique, tu te rends vulnérable aux verrues plantaires. Pour éviter les infections causant les verrues, tu devrais essayer de :

★ Ne pas marcher pieds nus quand tu te changes.

★ Mettre une serviette sous tes pieds quand tu enlèves tes chaussettes.

★ Porter des tongs ou des chaussures de sports nautiques pour te rendre jusqu'au bord de la piscine. Tu devrais aussi en porter si tu as une verrue plantaire, pour éviter de contaminer les autres !

Ta famille et toi

Embêtants, ces parents

Il faut l'admettre, il t'arrive de tenir tes parents pour acquis (ou quiconque prend soin de toi à la maison). Ils font presque tout pour toi. Mais ils tiennent eux aussi quelque chose pour acquis : le fait d'être responsables de toi. Il est possible que tu aies parfois l'impression que tes parents essaient de diriger ta vie. La réalité est que, lorsqu'ils avaient ton âge, ils se sentaient exactement comme toi. Alors n'hésite pas à parler à des adultes de confiance, non seulement de tes problèmes et de tes inquiétudes, mais aussi des choses stimulantes de ta vie. Peut-être qu'ils ne comprendront pas à quel point ce niveau de ton jeu vidéo est difficile, mais ils t'aiment et ils souhaitent ce qu'il y a de mieux pour toi. Ils te laisseront peut-être même jouer 10 minutes de plus sur ta bruyante batterie ou sur ton jeu de guitare s'ils savent à quel point cela est important pour toi !

Ah ! les frères et sœurs !

Tu as peut-être l'impression que tes frères et sœurs plus âgés passent leur temps à te malmener. Et les plus jeunes ? Ils te rendent fou, toujours dans tes jambes, à vouloir que tu joues à leurs jeux de bébé.

Et puis il y a toi...

Tu vieillis et tu aimerais qu'on te traite comme un adulte. Mais d'un autre côté, il t'arrive à l'occasion de ne pas être à la hauteur des responsabilités qu'on exige de toi. Tu subis de la pression à l'école. Tu veux passer du temps avec tes amis. Et parfois, tu voudrais juste t'asseoir tranquille à la maison, jouer à des jeux vidéo ou te faire gâter par ta grand-mère ! Tantôt tu es heureux, l'instant d'après tu as l'impression de bouillonner de colère, et tu ne sais même pas pourquoi !

Prends quelques instants pour te calmer. Il existe des moyens pour arriver à gérer les relations familiales. En voici quelques-uns :

- ★ Prends ton temps pour grandir.
- ★ Ne cache pas tes amis à tes parents, amène-les passer du temps à la maison.
- ★ Si tu veux qu'on te traite comme un adulte, ne fais pas de crises de bébé.
- ★ Tes parents t'aiment énormément, ils ne sont pas tes ennemis.
- ★ Parle à tes parents, dis-leur comment tu te sens et écoute leur point de vue.
- ★ Demande-leur si tu peux avoir plus d'intimité ; si tu partages ta chambre avec un frère ou une sœur, essayez de trouver un moyen pour que chacun puisse disposer d'un espace personnel.
- ★ Passe un peu de temps avec les membres de ta famille ; si tu ne le fais jamais, tu ne pourras jamais avoir de plaisir avec eux.

Les amis et les sorties

Jusqu'ici, les filles n'étaient rien de plus que les copines de ta classe qu'elles ont toujours été. Mais dernièrement, certaines d'entre elles te semblent pas mal du tout. Peut-être même plutôt intéressantes. Plutôt amusantes. Plutôt attirantes...

Complètement gaga

Il y a cette fille, à l'école... Tu n'arrêtes pas de penser à elle, mais tu es trop timide pour lui parler. Ou alors il s'agit peut-être de cet enseignant d'éducation physique super sympathique. Tu voudrais être exactement comme lui, t'habiller comme lui...

Bienvenue dans le monde des coups de cœur. C'est un peu comme être obsédé légèrement par quelqu'un... n'importe qui ! Ce pourrait être un garçon, une fille, un enseignant, une vedette. Peu importe de qui il s'agit, cela est tout à fait normal. Quand tu as un coup de cœur, tu peux avoir l'impression que les émotions intenses que tu ressens sont en train de prendre le contrôle de ta vie, mais, avec le temps, elles diminueront progressivement.

Q et R

Q : Ces derniers temps, j'ai commencé à être attiré par un autre garçon. Ne suis-je pas censé aimer seulement les filles ?

R : Pendant la puberté, de nombreux jeunes ont des coups de foudre pour quelqu'un du même sexe. Il est possible qu'ils n'osent tout simplement pas l'avouer ! Tout le monde a ses préférences : certains garçons aiment les filles aux cheveux noirs, certains garçons aiment les filles aux cheveux blonds, et certains garçons aiment les garçons ! Si, quand tu seras plus vieux, tu aimes toujours les personnes du même sexe que toi, c'est tout à fait correct.

À propos des filles

As-tu l'impression que les filles peuvent être vraiment grincheuses ? Un jour, elles semblent attirées par toi et, le lendemain, elles t'ignorent complètement ! N'oublie pas : les filles de ton âge traversent elles aussi la puberté ; leurs émotions risquent fort d'être sens dessus dessous.

Des amis pour la vie

Quand tu entres à l'école secondaire, tu rencontres plusieurs nouveaux amis. Mais essaie de ne pas laisser tomber tes vieux copains. Quand tu vieilliras, ton cercle d'amis sera composé de plusieurs personnes différentes.

Pour avoir de bons amis, le secret, c'est de reconnaître ceux qui sont bons pour toi et ceux qui ne le sont pas. Si tu n'es pas satisfait d'une amitié en particulier, parles-en avec une personne de confiance.

L'AMITIÉ DEVRAIT :

- ★ Être amusante.
- ★ Te faire sentir bien.
- ★ Être solide.

L'AMITIÉ NE DEVRAIT PAS :

- ★ Te faire sentir mal dans ta peau.
- ★ Te faire douter de toi.
- ★ Demander des efforts.
- ★ T'inciter à faire des choses qui te rendent mal à l'aise.

La drogue ? Non, merci !

À mesure que tu grandis et deviens un adolescent, toutes sortes de choses deviennent intéressantes à découvrir, mais il y a également certaines choses à éviter ou à considérer avec prudence. D'autres jeunes pourraient t'encourager à fumer la cigarette ou à prendre des drogues – n'est-ce pas stupide ? Les drogues affectent encore plus les personnes jeunes et en croissance que les adultes, et elles peuvent avoir des conséquences vraiment terribles.

Un problème de boisson

Le problème avec l'alcool (à part le fait qu'il est illégal d'en boire avant l'âge de 18 ans), c'est qu'il peut inciter les gens à agir de façon stupide. Bien sûr, il arrive parfois que des choses stupides soient amusantes, mais pas quand elles conduisent à quelque chose de dangereux ou de violent. Consommer modérément de l'alcool peut très bien convenir à certains adultes, mais c'est une décision à prendre quand tu seras plus âgé. Souviens-toi, ce sont tes décisions. Faire quelque chose simplement parce que tu crois que les autres le font ou laisser les autres décider de ce qui t'arrive est tout simplement insensé !

Vive l'école !

Si certains affirment que la période où tu fréquentes l'école est la plus belle de ta vie, il se peut que tu ne sois pas d'accord avec eux en ce moment. Même si tu n'apprécies pas toutes les matières et que certains de tes enseignants sont un peu bizarres, la réalité est que tu dois passer pas mal de temps à l'école. Alors autant faire de ton mieux pour aimer ça.

Q et R

Q : On étudie tant de sujets stupides. Je n'en vois pas l'utilité... Qu'est-ce que ça donne ?

R : C'est compréhensible, mais le problème, c'est que tu dois passer tes examens pour pouvoir poursuivre tes études et te dénicher un emploi. Sans diplôme, les choses seront très difficiles pour toi. Quand tu es sur le point de tout abandonner, essaie de te concentrer sur ton but ultime et de penser positivement : « Si j'arrive à passer et à obtenir une note convenable, alors je pourrai arrêter d'étudier ce sujet, je n'aurai plus jamais à m'en soucier ! »

Q : J'irai bientôt dans une nouvelle école. Comment puis-je être sûr de bien m'intégrer ?

R : Tout le monde est un peu nerveux à l'idée de fréquenter une nouvelle école. Contente-toi d'être toi-même et assure-toi que les autres savent que tu veux te faire des amis. N'essaie pas de te mettre en valeur, en pensant que cela va impressionner les autres. Tu te retrouveras alors empêtré dans tes menteries et tu finiras par perdre tes amis. Tu n'as pas à te vêtir ou à te comporter différemment pour attirer l'attention ou pour te mêler aux autres. Bientôt, tu trouveras des amis qui t'aiment pour ce que tu es.

Les brutes

À l'école, il y a toujours quelqu'un qui voudrait être le plus exubérant, le plus drôle, celui qui attire le plus l'attention. Et ça ne pose pas de problème, tant qu'ils ne le font pas en se moquant de quelqu'un d'autre. Les brutes ne se servent pas seulement de leur taille ou de leur force pour effrayer les autres. Ils le font aussi en excluant des gens, parfois en faisant circuler des rumeurs à leur sujet, ou bien en parlant aux gens de façon à ce qu'ils se sentent humiliés. Les personnes qui font de l'intimidation ont souvent toute une bande derrière elles. La vérité, c'est que leur chef est en réalité un lâche qui a trop peur d'intimider les autres lui-même, et que le reste de la bande a trop peur pour tenir tête au chef.

Pas juste des garçons...

Les filles aussi peuvent faire de l'intimidation! Pas seulement aux autres filles, d'ailleurs. Ne sois pas gêné de le dire à ton enseignant si une fille te rend la vie difficile.

Sois fier!

Tu peux tenir tête aux brutes en les empêchant de s'en sortir sans être punies. Ton école doit avoir une politique en matière d'intimidation; parles-en avec la personne qui en est responsable ou avec un enseignant en qui tu as confiance. Et si tu es témoin d'intimidation envers un autre élève (même s'il s'agit de quelqu'un que tu n'aimes pas ou que tu ne connais pas), prends sa défense. Personne n'a besoin de savoir que tu en as parlé à quelqu'un, et il se peut fort bien que tu permettes ainsi à quelqu'un d'éviter de très gros problèmes!

Les réseaux

C'est merveilleux de pouvoir clavarder avec tes amis sur ton ordinateur ou ton téléphone mobile, mais tes parents ne voient tout simplement pas pourquoi. Quand ils avaient ton âge, ils n'avaient pas de cellulaires ni de sites de réseaux sociaux, alors pas étonnant qu'ils ne comprennent pas que tu aies autant de plaisir.

Dépendant du téléphone

Ton téléphone t'assure ton indépendance. Ne cours pas le risque de le perdre !

À ne pas faire :

- ★ Dépenser trop de temps d'antenne.
- ★ Ignorer tes parents quand ils essaient de t'appeler.
- ★ Te servir de ton téléphone à l'école, à moins d'en avoir la permission.
- ★ Laisser ton téléphone dans un endroit stupide ou faire en sorte que quelqu'un puisse facilement te le voler.
- ★ Envoyer des photos ou des messages grossiers à quiconque (même si ça te semble amusant au départ).
- ★ Faire suivre les messages viraux que tu reçois.
- ★ Mettre des écouteurs quand tu circules dans une rue achalandée ou ailleurs, quand tu as besoin de bien entendre.

À faire :

- ★ Te servir de ton téléphone pour rester en contact avec tes parents.
- ★ Le garder en tout temps bien chargé.
- ★ Le laisser en fonction quand tu es avec tes amis.
- ★ Informer un adulte si on te harcèle au moyen de ton téléphone.
- ★ Supprimer tout message viral que d'autres jeunes répandent.
- ★ Ne donner ton numéro de téléphone qu'aux personnes que tu connais et en qui tu as confiance.
- ★ Rester en pleine possession de tes moyens quand tu utilises ton téléphone à l'extérieur.
- ★ Retirer ton téléphone de tes poches avant de mettre tes vêtements au lavage !

Sers-toi de ta cyberraison

Internet est un moyen extraordinaire pour rester en contact, mais où il est parfois difficile d'évoluer en toute sécurité. Les choses que tu souhaites dire en privé ne sont, en réalité, pas privées du tout. Sois attentif à ces conseils.

- ★ **Garde ton mot de passe secret et change-le de temps en temps.**
- ★ **Réserve tes groupes d'amis aux seules personnes que tu connais vraiment à 100 %, pas à des gens qui ont l'air sympathique et que tu n'as jamais rencontrés.**
- ★ **Ne publie que des articles, des photos et des commentaires qui ne seront ni embarrassants ni humiliants pour toi ou pour tes amis (ou même pour des gens que tu n'aimes pas particulièrement).**
- ★ **Verrouille ton profil pour que les autres ne puissent pas le manipuler, et ne trafique pas le profil des autres.**
- ★ **N'oublie pas que des enseignants, des établissements d'enseignement et même de futurs employeurs pourraient consulter les sites de réseaux sociaux pour voir ce que tu deviens. Ce qui te semblait amusant hier soir pourrait bien ne pas paraître très intelligent demain.**
- ★ **Rappelle-toi que, si tu supprimes quelque chose que tu regrettes d'avoir fait plus tôt, il est bien possible que quelqu'un l'ait déjà sauvegardé ailleurs. Ce que tu publies sur Internet y est pour toujours.**
- ★ **Ne laisse personne te convaincre de dire ou de faire en ligne des choses qui te rendent mal à l'aise. Dénonce les internautes malveillants et ceux qui font de l'intimidation aux surveillants des sites.**

Glossaire

adolescence/adolescent La période de la vie appelée aussi « puberté ». / Une personne qui traverse la puberté.

anorexie Un trouble de l'alimentation qui conduit une personne à craindre tout excès de poids, entraînant des régimes et une activité physique excessifs, la maladie et même la mort.

anus L'orifice extérieur au bout de l'intestin, par où sont rejetés les déchets solides quand on va aux toilettes.

boulimie Un trouble de l'alimentation qui conduit une personne à manger rapidement de grandes quantités de nourriture, puis à se faire vomir ; peut conduire à la maladie et même à la mort.

col de l'utérus L'entrée de l'utérus, au fond du vagin.

contraception Le nom général pour désigner divers moyens de prévenir une grossesse.

éjaculer/éjaculation L'éjection ou la décharge de sperme du pénis.

follicule Un minuscule trou dans la peau, où pousse un poil ; tu as de nombreux follicules.

glande Une cellule ou un organe qui produit des substances chimiques, puis les relâche dans le corps qui les utilise ou les rejette.

hormone Une substance chimique produite par une glande, puis acheminée dans l'ensemble du corps.

hypophyse ou glande pituitaire Une glande rattachée à la base du cerveau par une tige ; elle sécrète des hormones liées à la croissance des os et au système reproducteur.

kératine Une protéine présente dans la couche extérieure de la peau, qui la rend imperméable ; on la trouve aussi dans les ongles et les cheveux.

liquide séminal ou sperme Le liquide épais et blanchâtre qui est éjaculé du pénis.

pellicules Des écailles de peau morte sur le cuir chevelu.

phéromone Une substance chimique sécrétée à leur insu par les humains, mais qui peut affecter leur comportement et leurs réactions devant les autres.

poils pubiens Les poils couvrant la région génitale.

puberté La période de la vie, aussi appelée « adolescence », pendant laquelle le corps se prépare à devenir adulte.

scrotum La poche de peau qui enveloppe les testicules.

sébum La substance grasse qui sert de lubrifiant à la peau et aux cheveux.

smegma Une substance sébacée blanchâtre qui lubrifie le prépuce.

spermatozoïdes Les cellules reproductrices mâles.

sueur Un liquide salé libéré par les grandes sudoripares de la peau.

testicules Les deux glandes reproductrices qui produisent les spermatozoïdes.

testostérone Une hormone sécrétée par les testicules.

transpiration Un liquide salé, libéré par les glandes sudoripares de la peau, également appelé « sueur ».

utérus Un organe creux situé dans l'abdomen de la femme, dans lequel se développe le bébé.

vagin Le tube qui, chez la femme, conduit du col de l'utérus à une ouverture extérieure, entre l'urètre (le canal qui sert à l'écoulement de l'urine) et l'anus.

Index

Note à l'intention des parents et des éducateurs

On parle aux filles de la puberté, en particulier des règles, mais on dirait qu'on n'en parle pas autant aux garçons. L'adolescence peut être une période mouvementée pour les jeunes, leurs familles et leurs enseignants, mais des recherches ont démontré l'importance d'établir et de maintenir de bonnes relations avec les garçons, de l'enfance jusqu'à l'âge adulte. Cela peut paraître décourageant, alors ce livre est conçu pour aider les garçons (même si leurs sœurs le trouveront sans doute intéressant) à vivre cette transformation.

- Familiarisez-vous avec ce livre et apprenez quand et comment décrire les changements physiques, les émotions ou les thèmes adultes de façon à ce qu'un enfant puisse comprendre.
- Plusieurs garçons ont de la difficulté à exprimer leurs sentiments; vous choisirez peut-être de laisser le vôtre lire le livre seul et de l'inviter ensuite à vous poser ses questions.
- N'essayez pas de transmettre toute l'information d'un seul coup. Présentez-en de petites portions et invitez le jeune à vous faire part de ses questions.
- Essayez de favoriser les discussions dans des situations informelles, comme lors d'une promenade, en jouant au ballon ou même en regardant la télé.
- Vous intéresser à ses loisirs et le féliciter (plutôt que de lancer ces récriminations dont se plaignent certains jeunes) peuvent faire une grande différence.
- Les garçons ont besoin dans leur vie de modèles masculins positifs. Des cousins plus âgés, des oncles, des animateurs et des grands-pères peuvent servir de modèles. Les garçons ont souvent besoin de parler avec une personne qui a une certaine distance par rapport à la maison.
- Les enseignants ont une importance énorme. Assurez-vous que la politique de votre école vous soutient dans vos tâches d'enseignant et de guide auprès des jeunes. Si elle ne le fait pas, essayez de voir comment la mettre à jour.

Les garçons reproduiront nos façons de nous comporter envers eux et les uns envers les autres. Les relations personnelles que nous établissons avec eux peuvent les préparer à affronter les périodes difficiles qu'ils risquent de traverser. Les garçons ont besoin d'une base solide d'amour et de confiance – et ils la méritent –, fondée sur une communication franche et ouverte.